Aktives Zuhören

Band 2

Kleine Geschichten in Reimen

zum Vervollständigen für Menschen mit Demenz

Angela Weiland
November 2013
Herstellung und Verlag:
BOD-Books on Demand, Norderstedt
ISBN 978-3-7322-5123-0

Vorwort

Der erste Band mit Reimgeschichten ist in der Praxis
sehr gut angekommen.
Die Menschen mit Demenz mögen die Geschichten und
haben viel Spaß daran, diese zu vervollständigen.
Das hat mich motiviert, wieder nach dem Stift zu greifen
und meinen Gedanken noch einmal freien Lauf zu
lassen.
Auch dieses Mal sind es wieder Geschichten mit Themen
aus der Kindheit und dem Alltag, kleine Rätsel und
Reime mit bekannten Redensarten und Sprichwörtern.

Inhaltsverzeichnis

Reime mit Redensarten

Reime mit Sprichwörtern

Was ist das?

Der Ball

Auf der ganzen Welt, also überall,
spielen die Kinder mit einem   (**Ball**).
Die Kleinsten kullern ihn schon hin und her,
und wollen von dem Spaß immer noch   (**mehr**).
Egal ob klein oder groß, schwarz-weiß oder bunt,
die Hauptsache ist , er ist   (**kugelrund**).
Manche sind sogar aufblasbar,
die sind leichter, also für's Wasser   (**wunderbar**).
Man spielt mit den Füßen oder den Händen,
auf Straßen, Wiesen oder an den   (**Wänden**).
Ich habe einen Massageball im Gebrauch,
zum Spielen mit dem Hund braucht man ihn   (**auch**).
Es gibt so viele Arten mit dem Ball zu spielen,
Tischtennis ist zum Beispiel eine von   (**vielen**).
Golf scheint eher etwas für die reicheren Leute,
Minigolf ist etwas für den kleinen Geld   (**-beutel**).
Beachvolleyball spielt man im Sand,
die Basketballer treffen den Korb aus dem   (**Stand**).
Mit Tennis oder Squash halten sich viele fit,
aber auch Federball spielen sie gerne   (**mit**).
Viele Jungs sind in einem Fußballverein,
doch auch für immer mehr Mädchen scheint es reizvoll
zu   (**sein**).
Manchmal wird beim Spielen eine Scheibe getroffen,
ich glaube, dann ist noch eine Rechnung   (**offen**).

Fußball

Fußball ist der Männer Leidenschaft,
es gibt sogar eine Welt   (-**meisterschaft**).
Ich habe keine Ahnung und wunderte mich bloß,
was ist denn nur mit den Männern   (**los**).
Alle rennen einem Ball hinterher,
ihn zu kriegen ist ganz schön (**schwer**).
Und trotzdem schießen sie ihn wieder weg,
was hat denn das für einen   (**Zweck**)?
Können die sich nicht mehrere davon kaufen,
dann bräuchten sie nicht alle einem Ball hinterher zu
        (**laufen**).
Doch dann kommt ein Mann, der erklärt mir das Spiel,
das gegnerische Tor zu treffen ist das   (**Ziel**).
Und tatsächlich, es kommt öfter mal vor,
und einer schießt den Ball ins   (**Tor**).
Dann gibt es ein Klatschen, Jubel und Geschrei,
und sogar ich habe großen Spaß   (**dabei**).
Bei der Formel 1 verdienen die Fahrer Millionen,
aber auch beim Spitzenfußball scheint es sich zu
        (**lohnen**).
Beim Fußball gibt es so manchen Star,
den Beckenbauer kennt jeder, das ist doch (**klar**).
Gewöhnt haben sich alle an die Fußballerin,
für die Emanzipation ist das ein großer   (**Gewinn**).
Die Fußballregeln sind auf der ganzen Welt gleich,
egal, ob in Brasilien oder in   (**Österreich**).

In der Bundesligapause sagen die Frauen Gott sei Dank,
die Männer dagegen sind auf Entzug und fast   (**krank**).
Viele Männer vor den Fernsehern sitzen, schimpfen und schrei'n,
sie versuchen die größten Experten zu   (**sein**).

Aufräumen

Nun schaut euch doch nur mal das Chaos an,
kein Wunder, dass man nichts mehr finden   (**kann**).
Langsam wird es mir wirklich zu dumm,
hier liegt ja tatsächlich alles   (**herum**).
Manchmal helfe ich und bin beim Aufräumen dabei,
doch werden sie noch frech, ist es damit   (**vorbei**).
Leise höre ich die Kinder fluchen:
"Wer Ordnung hält, ist nur zu faul zum   (**Suchen**)."
Jetzt werde ich sauer, mein Ton wird scharf,
bevor nicht aufgeräumt ist, keiner fernsehen   (**darf**).
Gerade heute steht "das doppelte Lottchen" in dem
Programm,
und siehe da, es wird aufgeräumt ohne viel   (**Tamtam**).
In zwanzig Minuten ist die Ordnung wieder hergestellt.
und bei uns herrscht wieder heile   (**Welt**).
Der Fernseher wird eingeschaltet und es wird still,
weil jeder der Geschichte lauschen   (**will**).
In ein paar Tagen ist das Thema sicher wieder akut,
doch für heute ist erst einmal alles wieder (**gut**).

Meine Schwester

Ich habe eine Schwester, zwei Jahr älter als ich,
und der ich oft nicht von der Seite   (**wich**).
Manchmal nervte ich sie schon sehr,
denn ständig lief ich hinter ihr   (**her**).
Ab und zu trickste sie mich aus
und ging ohne mich aus dem   (**Haus**).
Doch ich blieb ja auch nicht immer so klein,
und irgendwann wollte auch ich bei meinen
Freundinnen   (**sein**).
Wenn mich später einmal der Liebeskummer plagte,
war sie es, der ich all mein Liebesleid   (**klagte**).
Gaben meine Eltern mir einen Rat, wollte ich oft davon
nichts wissen,
ihre Meinung aber wollte ich meist nicht   (**missen**).
Natürlich haben wir uns auch öfter gestritten,
bei ihr fiel es mir nicht schwer, um Verzeihung zu
        (**bitten**).
Manchmal schliefen wir aneinander gekuschelt ein,
das konnte so gemütlich   (**sein**).
Einmal die Woche sehen wir uns auch heute, das ist kein
Scherz,
ich habe sie sehr lieb, mein Schwester-
        (**herz**).

Immer ich

Ilse kommt von draußen: "Liebe Mutter, bitte, bitte,
ich habe Hunger, kriege ich eine   (**Schnitte**)?"
Doch Mutter sagt nein, denn gleich ist es soweit
und sie haben Mittags-   (**zeit**).
"Wasch deine Hände und mach dich frisch,
dann decke bitte den Mittags-   (**tisch**)."
Ilse schmollt, "das ist gemein, warum immer ich?"
das hört Bruder Fred und schnell versteckt er   (**sich**).
Doch die Mutter bleibt dabei,
das Nörgeln ist ihr   (**einerlei**).
Dann ruft die Mutter auch den kleinen Fred,
und vor dem Essen sprechen sie ein Tisch- (**gebet**).
Heute gibt es einen Eintopf mit Bohnen,
alle essen sich satt, es muss sich ja   (**lohnen**).
Sicher kennt ihr auch das Sprichwort von der
menschlichen Reaktion:
es beschreibt den zu hörenden folgenschweren   (**Ton**).

Jedes Böhnchen
gibt ein   (**Tönchen**).

Rummel

Einmal im Jahr machten meine Eltern mit mir einen Bummel,
über einen großen, aufregenden   (**Rummel**).
Ganz spezielle typische Düfte
zogen über dem Areal durch die   (**Lüfte**).
Am liebsten fuhr ich Kettenkarussell,
mit ihm flog ich durch die Luft so herrlich   (**schnell**).
Als ich größer wurde, liebte ich die Achterbahn,
von der ich einfach nicht genug   (**bekam**).
In der Gespensterbahn wurde ich erschreckt und habe
mich anschließend vor Lachen gebogen.
ein paar Lose, leider meist Nieten, wurden auch
     (**gezogen**).
Über einen kandierten Apfel und gebrannte Mandeln
konnte ich mit meinen Eltern auch noch
     (**verhandeln**).
Auch Zuckerwatte war ein Muss,
die bekam ich meist am   (**Schluss**).
Nach ein paar Stunden war das Budget verbraucht und
das Portemonnaie leer,
und es ging nach Hause, doch der Abschied fiel
     (**schwer**).
Insgesamt war es immer ein toller Tag,
an den ich gerne zurückdenken   (**mag**).

Das Sonntagsessen

Die Kinder kommen am Sonntag dieser Woche,
und ich überlege, was ich (**koche**).
Ich habe sie nämlich zum Essen eingeladen,
mir fällt ein, mein Sohn isst gerne Fleisch (**-rouladen**).
Ich werde also zum Supermarkt laufen,
um dort die Rouladen (**einzukaufen**).
Anschließend werde ich sie zubereiten,
wie auch schon in früheren (**Zeiten**).
Ich salze und pfeffere sie und streiche dann Senf darauf,
gewürfelter Speck, Zwiebel und Gurke kommt auch noch
(**rauf**).
Danach rolle ich sie ein und brate sie scharf an,
eine schöne braune Soße bekomme ich (**dann**).
Dazu wird es Rotkohl und Kartoffeln geben,
ein richtiges leckeres Sonntagsessen (**eben**).
Das Ganze hat sehr viel Arbeit gemacht,
aber ich habe es stolz auf den Tisch (**gebracht**).
Es hat allen sehr gut geschmeckt,
mein Sohn hätte am liebsten den Teller (**abgeleckt**).
Früher als Kind hat er das manchmal gemacht,
heute hätte es ihm einen erhobenen Zeigefinger
(**eingebracht**).
Als Kind naschte er öfter heimlich aus dem Topf,
dann gab es schon mal einen Katzen (**-kopf**).

Weihnachtsvorbereitungen

Es ist wieder mal soweit,
es beginnt die Weihnachts   (-**zeit**).
Man beginnt in die Geschäfte zu laufen,
um Weihnachtsgeschenke einzu   (-**kaufen**).
Und wieder stehen wir vor dem Problem,
Du meine Güte, was schenken wir   (**wem**).
Meiner Mutter, das könnt ihr ruhig wissen,
nähe ich ein hübsches   (**Sofakissen**).
Mein Vater sagte mir neulich einmal,
er wünscht sich einen blauen   (**Schal**).
Heute Abend gleich setze ich mich mit dem Strickzeug hin,
damit ich zu Weihnachten fertig   (**bin**).
Meiner Schwester kaufe ich ein schönes Tuch
und meinem Bruder ein gutes   (**Buch**).
Meine Tochter kriegt einen Kinderherd,
mein Sohn bekommt ein Schaukel   (-**pferd**).
Meiner Oma es immer in den Gliedern reißt,
deshalb bekommt sie Klosterfrau   (**Melissengeist**).
Mein Opa sieht schlecht, daher weiß ich was,
er bekommt von mir ein Vergrößerungs   (-**glas**).
Meinen Nachbarn schenke ich eine Flasche Wein,
aber das müsste dann wirklich alles (**sein**).
Unsere Freunde feiern Weihnachten auf ihre Weise,
sie machen in den Süden eine Urlaubs   (-**reise**).
Doch am Strand mit einem Weihnachtsbaum,
das entspricht nicht meinem Weihnachts   (-**traum**).

Weihnachten

Jedes Jahr im Dezember fangen die Fragen an,
gibt es denn wirklich einen   (**Weihnachtsmann**)?
Klar gibt es den Weihnachtsmann, gar keine Frage,
schließlich kommt er ja zu den Kindern am Weihnachts
    (**-tage**).
Dennoch berichten die Kinder recht komische Dinge,
der Weihnachtsmann hatte wie mein Vater zwei
    (**Ringe**).
Der kleine Hans wunderte sich nur,
der Weihnachtsmann hatte Opas   (**Uhr**).
Und der Klaus zu staunen begann,
Knecht Ruprecht hatte die gleichen Schuhe wie Onkel
Alfons   (**an**).
In der Schule prahlte man damit, dass man es besser
weiß,
doch klopfte es laut an der Tür, wurde auch denen ganz
    (**heiß**).
Brannten die Kerzen erst am Weihnachtsbaum,
begann für die Kinder doch wieder der   (**Traum**).
Im Laufe des Jahres man es fast wieder vergaß,
doch im Dezember dämmerte es, mit dem
Weihnachtsmann, da war doch   (**was**).
Und wieder fiel die Entscheidung schwer,
wollen wir die Illusion oder wollen wir sie nicht
    (**mehr**).

Wäsche waschen

Heute werde ich weiße Wäsche waschen
ich leere in der weißen Schürze nur noch die (**Taschen**),
dann kommt schnell noch das Waschpulver rein,
in anderthalb Stunden wird sie fertig   (**sein**).
Draußen ist es warm und windig ist es auch,
da werde ich die Wäsche draußen trocknen nach altem
       (**Brauch**).
Ich nehme die Wäsche aus der Maschine und bekomm'
einen Schreck,
die Wäsche ist hellblau, das Weiß ist   (**weg**).
Der Übeltäter ist schnell entdeckt,
ein neues blaues Handtuch hat dazwischen   (**gesteckt**).
Ich ärgere mich grün und blau,
so etwas passiert mir, einer erfahrenen   (**Hausfrau**).
Ich muss also in den Drogeriemarkt laufen,
um mir nun Entfärber zu   (**kaufen**).
Damit wasche ich die Wäsche ein zweites Mal,
hoffentlich wird sie wieder weiß, verdammt noch (**mal**).
Neulich erst sagte meine Nachbarin, Frau Pelche,
wer keine Arbeit hat, der macht sich   (**welche**).

Wäsche

Meine Oma wusch die Wäsche noch mit der Hand,
dass bedeutete, dass sie stundenlang an der
Waschwanne **(stand)**.
Auf einem Waschbrett schrubbte sie die Sachen,
da verging ihr ganz sicher das   **(Lachen)**
Dann wurde gespült und kräftig gewrungen,
das Lied von den Waschfrauen hat sie dabei sicher nicht
        (gesungen).
Ich habe natürlich eine Waschmaschine-Gott sei Dank,
und am nächsten Tag ist meine Wäsche schon wieder im
        (Schrank).
Nur Bügeln macht sich leider nicht von allein,
und bei Blusen und Hemden muss es doch **(sein)**.
Manchmal bügle ich gleich, dann sind es nur ein paar
Teile,
doch des Öfteren sammle ich die Sachen erst eine
        (Weile).
Irgendwann ist es ein Riesenberg,
und dann muss ich ran ans   **(Werk)**.
Dann bügle ich Stunden und bin sauer auf mich,
das nächste Mal passiert mir das sicher   **(nicht)**.
Doch die guten Vorsätze nicht lange halten,
und ich verfalle wieder in den Trott, den   **(Alten)**.

Das bisschen Haushalt

Mein Mann geht den ganzen Tag arbeiten und meint,
mir geht es gut,
als ob sich der Haushalt von alleine (**tut**).
Ich muss einkaufen, kochen, waschen, sauber machen,
dabei vergeht mir schon manchmal das (**Lachen**).
Der tägliche Abwasch, das Bad und öfter mal die Fenster
putzen,
für den Einkauf muss ich das Fahrrad (**benutzen**).
Sind die Tüten dann zu schwer,
schiebe ich das Rad und laufe daneben (**her**).
Die Kinder bringe ich in die Schule und hol sie wieder ab,
mit Schularbeiten, basteln, und spielen halten sie mich
auf (**Trab**).
Abends kommt mein Mann und möchte sein Essen
und braucht erst einmal Ruhe, das darf niemand
(**vergessen**).
Nach dieser Zeit dürfen wir reden und auch fragen,
aber hören möchte er keine (**Klagen**).
Als Hausfrau und Mutter hat man viel zu tun,
und hat nicht viel Zeit, um (**auszuruh'n**).
Vielleicht sich noch jemand an das Lied erinnern kann:
"das bisschen Haushalt macht sich von allein, sagt mein
(**Mann**)".

Zu Bett gehen

Mein Film im Fernsehen ist jetzt vorbei,
das weitere Programm ist mir   (**einerlei**).
Ich schau auf die Uhr, es ist schon Zehn.
also spät genug zum Schlafen   (**geh'n**),
Beim Zuziehen der Gardinen schaue ich noch einmal
hinaus,
alles sieht so friedlich   (**aus**).
Es bellt ein Hund in weiter Ferne,
am Himmel stehen der Mond und die   (**Sterne**).
Vorm Schlafen muss ich noch Zähne putzen,
die Toilette will ich auch noch mal   (**benutzen**).
Das Händewaschen danach muss sein,
dann creme ich sie anschließend   (**ein**).
Ich ziehe mich aus und den Schlafanzug an,
damit ich endlich ins Bett gehen   (**kann**).
Ich kuschel mich unter meiner Decke ein,
im Bett kann es so gemütlich   (**sein**).
Ich lösche noch das Licht im Nu,
dann mache ich beide Augen   (**zu**).
Es dauert nicht lange, bis ich eingeschlafen bin,
ich gebe mich dann meinen Träumen   (**hin.**).

Die Mücke

Ich bin müde wie ein Hund,
und dafür gibt es auch einen (**Grund**),
denn in der letzten Nacht,
hat mich eine Mücke um den Schlaf (**gebracht**).
Ein lautes Summen an meinem Ohr,
weckte mich und ich schreckte (**empor**).
Nun schlug ich mit meiner rechten Hand
mir auf das Ohr und wartete (**gespannt**).
Ich habe kein Summen mehr vernommen,
das heißt, ich habe sie wohl (**bekommen**).
Zufrieden legte ich mich wieder hin,
doch kurz bevor ich eingeschlafen (**bin**),
summte es erneut um mich herum,
langsam wurde es mir wirklich zu (**dumm**).
Daraufhin schaltete ich das Licht wütend an,
und das Warten auf die Mücke (**begann**).
Fast wollte ich schon aufgeben, doch plötzlich, oh ja,
war die Mücke doch wieder (**da**).
Diesmal konnte ich sie sehen und schlug mehrmals nach ihr,
doch scheinbar spielte sie ein Spiel mit (**mir**).
Manchmal dachte ich, endlich hätte ich sie,
doch dann hörte wieder das Summen von dem (**Vieh**).
Irgendwann wollte ich nur noch meine Ruh',
und dachte, du Aas, dann stich doch (**zu**).
Ich löschte das Licht und legte mich hin,
es dauerte nicht lange, bis ich eingeschlafen (**bin**).

Heute Morgen stand ich auf und sah mich um,
da, eine Mücke an der Wand, ich schlug zu und - wie
    (dumm),
auf der Tapete entstand nun ein roter Fleck,
und ich hab das Problem, wie krieg ich den   **(weg)**?
Damit ist eindeutig der Beweis erbracht,
sie hat mich gestochen in der letzten   **(Nacht)**.
Nun juckt es mich auch noch an meinem Rücken
und ich komme zu dem Schluss, ich mag keine
    (Mücken).

Schlüsselsuche

Es ist doch wieder mal nicht zu fassen,
wo habe ich nur meinen Schlüssel   (**gelassen**)?
Es steigert ganz schön den Verdruss,
wenn man ihn immer suchen   (**muss**).
Ihn immer an einen Platz zu legen hab ich schon oft
probiert,
doch wenn ich nicht aufpasste, ist es wieder
(**passiert**).
Morgens ist mir jede Minute heilig,
denn da habe ich es immer besonders   (**eilig**).
Eigentlich müsste ich mich richtig sputen
und suche dann erst noch zehn   (**Minuten**).
Neulich brach mir der Schweiß aus im Nu,
denn ich verließ das Haus und die Tür war   (**zu**).
Da half kein Fluchen, es war zu spät,
verflixt noch mal und (**zugenäht**).
Ich holte tief Luft und versuchte mich zu besinnen,
denn ich war draußen und Schlüssel
        (**drinnen**).
Gott sei Dank hat mein Nachbar einen Ersatz,
da hängt mein Zweitschlüssel immer am gleichen
        (**Platz**).
Der Schlüsseldienst wäre ganz schön teuer gekommen,
mich zu bessern habe ich mir wieder einmal
        (**vorgenommen**).

Alkohol

Unser guter alter Nachbar Krause
trinkt wohl noch etwas anderes außer
    (**Brause**).
Er kommt gerade auf eine torkelnde Weise
und seine Arme rudern im   (**Kreise**).
Laut singend und mit einem roten Zinken,
jetzt sieht er uns und beginnt zu   (**winken**).
Oh je, das war wohl mindestens ein Bier zu viel,
das vertreibt seinen sonst so zurückhaltenden   (**Stil**).
Wir helfen ihm noch beim Aufschließen der Tür,
und er bedankt sich sogar lallend   (**dafür**).
Wir sind durstig und trinken Wasser, also alkoholfrei
und fühlen uns bestimmt besser   (**dabei**).
Zum Essen gibt es bei uns auch manchmal ein Glas Wein,
Und zu Silvester das Glas Sekt, das muss unbedingt
    (**sein**).
Mein Mann trinkt öfter mal eine Flasche Bier am Abend,
er findet es erquickend und   (**labend**).
Es gibt einige Trinksprüche, die sind sicher Vielen
bekannt,
und auch ein Sprichwort ich zu diesem Thema
    (**fand**).
"Ein Gläschen in Ehren,
kann niemand   (**verwehren**)".

Immer dieses Schimpfen

Der Tag hat gerade erst angefangen,
da ist das Gemeckere schon los   (**gegangen**).
Eigentlich ist der kleine Paul ganz brav,
aber scheinbar ist er das schwarze   (**Schaf**).
Pass auf, da steht eine teure Vase,
bohr doch nicht immer in der   (**Nase**).
Sieh mich an, wenn ich mit dir reden will,
nun halte die Füße endlich mal   (**still**).
Hab nicht immer das letzte Wort,
räume gefälligst deine Sachen   (**fort**).
Du hast beim Essen ziemlich rumgesaut,
sei doch bloß nicht immer so   (**laut**).
Du sollst keine Ausdrücke sagen,,
bevor du etwas nimmst, musst du erst   (**fragen**).
Hast du schon Hausaufgaben gemacht,
was hast du dir bloß dabei   (**gedacht**).
Versprich mir, dass du artig bist
und nicht deine guten Manieren   (**vergisst**).
Hast du dir die Hände gewaschen,
heute gibt es nichts mehr zu   (**naschen**).
Das hört der kleine Paul von früh bis spät,
kein Wunder, dass ihm das auf die Nerven   (**geht**).
Sicher platzt einem manchmal der Kragen
doch man muss den Kindern auch mal etwas Nettes
     (**sagen**).

Urlaub mit dem Zelt

Wir hatten Urlaub und verreisten mit dem Zelt,
wir waren jung und hatten wenig   (**Geld**).
Zelten war eine preiswerte Möglichkeit,
für einen Urlaub ohne Eltern und nur zu   (**zweit**).
Und um noch mehr Geld zu sparen,
wollten wir mit dem Fahrrad   (**fahren**).
Wir packten ein paarmal aus und ein,
denn das Gepäck durfte nicht allzu schwer   (**sein**).
Die Rucksäcke waren prall gefüllt und drückten am
Rücken,
ich konnte später kaum ein Jammern unter-
     (**drücken**).
Auf dem Gepäckträger stapelten wir den Rest und haben
alles festgebunden,
dann ging es los und wir fuhren viele   (**Stunden**).
Nach 80 Kilometern wurde mir die Strapaze zu viel,
heute weiß ich nicht mehr wie, doch wir kamen ans
     (**Ziel**).
Wir bauten das Zelt auf und richteten uns ein,
und ich meinte, schöner könnte es im Paradies auch
nicht   (**sein**).
Uns fehlte zwar so allerlei,
so hatte ich zum Beispiel keine Jacke   (**dabei**).
Alles halb so schlimm, war unsere Devise,
und genossen unser Plätzchen auf der grünen   (**Wiese**).
Nach zehn Tagen war unser Urlaub vorbei,
und als wir fuhren, war auch etwas Wehmut   (**dabei**).

Wir freuten uns dennoch, wieder zuhause zu sein,
denn die Wohnung schien wie ein Palast, so groß und so
(**fein**).
Das Sitzen auf dem Stuhl und das Schlafen im Bett,
war nach diesem Urlaub doch auch wieder ganz   (**nett**).

Berlin

In die Hauptstadt von Deutschland, da muss ich hin,
es ist die ehemals geteilte Stadt   (**Berlin**).
Früher stand in Berlin eine Mauer,
von leider immerhin fast dreißigjähriger   (**Dauer**).
1989 ist sie dann gefallen,
die Berliner feierten und jubelten mit   (**Allen**).
Am Wahrzeichen stehen viele Touristen davor,
es ist das   (**Brandenburger Tor**).
Der Große auf dem Alex trotzt jedem Sturm,
es ist der Berliner   (**Fernsehturm**).
Die Berliner Regierung sitzt mit Mann und Maus
am Alexanderplatz im Roten (**Rathaus**).
An der Straße Unter den Linden
ist der schöne Berliner Dom zu   (**finden**).
Es gibt so manchen klassischen Ohrenschmaus
am Gendarmenmarkt mit seinem   (**Konzerthaus**).
Hildegard Knef sang mit viel Tamtam,
"ich hab so Heimweh nach dem   (**Kurfürstendamm**)".
Der Ku'damm lädt ein zum Bummeln geh'n,
dort kannst du auch die Gedächtniskirche   (**seh'n**).
Über Berlin gibt es viel Gesang,
so auch "die Kreuzberger Nächte sind   (**lang**)".
Mit sehr viel Grün kann Berlin auch aufwarten,
es gibt den Grunewald und auch den   (**Tiergarten**).
Das besungene Strandbad liegt am Wannsee.
und durch Berlin fließt immer noch die   (**Spree**).
So viele Tiere aus aller Welt gibt es nirgendwo,
wie im Tierpark und dem Berliner   (**Zoo**).

Auf dem Bauernhof

Auf einem Bauernhof habe ich meine Kindheit verbracht,
das Leben mit den Tieren hat mir sehr viel Spaß
    (gemacht).
Morgens ging es in den Hühnerstall,
dort schaute ich nach den Eiern   **(überall)**.
Täglich fand ich ungefähr zehn Stück,
waren es mehr, hatten wir   **(Glück)**.
Der Hahn hat mir sonntags das Ausschlafen versaut,
er saß auf dem Mist und krähte sehr   **(laut)**.
Ein paar Kühe standen auf der Weide,
abends holten wir sie zum Melken, mein Vater und ich,
wir   **(beide)**.
Die kleinen Ferkel liebte ich sehr,
manchmal waren es zehn oder noch   (mehr).
Unser Hund bewachte aufmerksam den Hof,
er musste immer draußen bleiben, das fand ich   **(doof)**.
Am liebsten bin ich mit dem Trecker mitgefahren,
an dem die Räder größer als ich selber   **(waren)**.
Im Heuhaufen konnte man sich herrlich verstecken,
doch anschließend juckte es an allen   **(Ecken)**.
Im Herbst bei der Ernte waren alle dabei,
die Leute arbeiteten tagelang schwer, dann hatten sie
    (frei),
Wir Kinder blieben nicht verschont,
waren wir fleißig, wurden wir   **(belohnt)**.
Als Jugendliche, das ist doch klar,
fanden wir helfen nicht mehr so   **(wunderbar)**.

Erkältung

Ich stehe früh auf und habe im Hals einen
schmerzhaften Kloß
und denke noch, was ist mit mir   (**los**).
Als ich dann am Waschbecken steh,
fühle ich mich schwach und die Glieder tun mir   (**weh**).
Ich rufe also auf der Arbeit an,
und sage, dass ich nicht kommen   (**kann**).
Am liebsten bliebe ich jetzt zuhaus',
doch ich muss zum Arzt, also gehe ich   (**raus**).
Im Wartezimmer muss ich lange sitzen,
scheinbar habe ich Fieber und beginne zu   (**schwitzen**).
Ich stehe auf, weil ich nicht mehr sitzen kann,
glücklicherweise bin ich nun auch   (**dran**).
Der Arzt misst den Blutdruck und hört meine Lunge ab,
ich will nur noch ins Bett und fühle mich   (**schlapp**).
Dann füllt der Doktor noch die Krankschreibung aus,
und ich bin froh, denn nun kann ich nach   (**Haus'**).
Ich habe keinen Hunger und will nichts essen,
nur das Trinken darf ich nicht   (**vergessen**).
Ich lege mich ins Bett und schlafe gleich ein,
morgen wird es vielleicht schon etwas besser   (**sein**).

Spritzen

Als Kind hatte ich eine Heidenangst vor Spritzen,
schon im Wartezimmer begann ich zu   (**schwitzen**).
Sollte ich zum Arzt, lagen meine Nerven blank,
schon Tage vorher war ich ganz   (**krank**).
Eigentlich ist es ja nur ein Pieks und schnell wieder
vorbei,
doch vernünftige Argumente waren mir   (**einerlei**).
Außer bei Impfungen habe ich gar keine Spritzen
bekommen,
aber auch die Erfahrung hat mir nicht die Angst
     (**genommen**).
Wurde ich tatsächlich geimpft, machte ich ein
Riesengeschrei,
ich heulte zehn Minuten, dabei war nach zehn Sekunden
alles   (**vorbei**).
Kam es dann wirklich mal zu einer Blutabnahme,
meinte ich, Monsterspritzen zerstechen meine
     (**Arme**).
Anfangs konnte meine Mutter noch tröstende Worte
sagen,
aber irgendwann platze ihr doch der   (**Kragen**).
Sie warf mir vor, dass ich sie blamier',
und schimpfte fürchterlich mit   (**mir**).
Nach zwei Geburten kann ich heute darüber nur lachen,
und brauche mir wegen Spritzen keine Sorgen mehr
     (**machen**).

Abnehmen

Wir sind eingeladen zu einem Fest in sechs Wochen,
und ich habe unser Kommen (**versprochen**).
Und es kommt wie es kommen muss,
ich steh vor dem Kleiderschrank voller (**Verdruss**).
Ich habe ein Kleid, das finde ich schick,
doch es passt mir nicht, ich bin zu (**dick**).
Ich wünschte, ich verliere 3 Kilo im Nu,
dann ginge der Reißverschluss wieder (**zu**).
Doch alles Jammern hat kein Zweck,
es müssen ein paar Pfunde (**weg**).
In einer Zeitschrift las ich von einer Blitzdiät,
bei vier Kilo in sechs Wochen wäre es noch nicht zu
(**spät**).
Nur Kohlsuppe soll man essen, dreimal am Tag,
doch Kohl ist etwas, was ich gar nicht (**mag**).
Diese Diät werde ich also nicht machen,
es gibt Gott sei Dank noch andere (**Sachen**).
Ich habe gehört von Quark und Ananas,
beides mag ich, das wäre doch (**was**).
Ich bin hoch motiviert und fange gleich morgen an,
und stelle fest, wie lang ein Tag sein (**kann**).
Mein Magen knurrt von früh bis spät,
meine Laune ist nicht die Beste bei einer (**Diät**).
Jeden Morgen zur Beantwortung meiner Frage,
stelle ich mich auf unsere (**Waage**).
Nach zwei Tagen fehlt ein Kilo, ich spende mir Applaus,
doch in den nächsten drei Tage fällt der Erfolg gänzlich
(**aus**).

Ich kann schon keinen Quark und Ananas mehr sehen,
und beschließe einen anderen Weg zu   (**gehen**).
Ab morgen esse ich weniger, aber wieder normal,
keinen Kuchen und mehr Salat ist nicht solch eine
        (**Qual**).
Ich sprach mit einer Freundin, der geht es ebenso,
sie fühlt sich zu dick an Hüfte, Bauch und   (**Po**).
Sie hat mir geraten, mich nicht verrückt zu machen,
denn dabei verliert man sonst das   (**Lachen**).
Zur Not kann ich ja auch ins Kaufhaus laufen
und mir etwas anderes zum Anziehen   (**kaufen**).

Reime mit Redensarten

Schimpftiraden

Das Kind tobt durch den ganzen Saal,
setzt dich doch mal hin, (**verdammt noch mal**).

Ich habe den Bus verpasst und komme zu spät,
*(***verflixt noch mal und zugenäht***).*

Es meldeten sich viele, doch nun steh' ich ganz allein,
ich glaub' es kaum, (**das darf doch wohl nicht wahr
sein**).

Nun ist mir wirklich alles egal,
ich muss dir sagen, (**du kannst mich mal**).

Ohne dich gehe ich auch nicht unter,
*(***rutsch mir doch den Buckel runter**).

Du buchtest ohne mich eine Reise,
und ich sage dir, (**du kannst mich kreuzweise**).

Ich habe keine Lust und hör' dir nicht mehr zu,
(**lass mich doch endlich mal in Ruh**).

Komm sofort raus aus der Wasserrinne,
du wirst ganz nass, (**ich glaub', ich spinne**).

Den ganzen Tag hältst du mich auf Trab,
ich schnauze dich an, (**hau endlich ab**).

Ich habe meine Hose bekleckert, die Weiße,
wütend schimpfe ich, (**so eine Sch...**)!

Der zweite Versuch ist wieder nicht geglückt,
(**da wird der Hund in der Pfanne verrückt**).

Die Blumen von gestern sind heute schon am Welken,
(**das ist ja wirklich zum Mäuse melken**).

Ich sage noch einmal klar wie es ist,
was du tust, (**ist doch alles Mist**).

Ich rufe noch, geh nicht so nah ans Wasser, Pia,
doch schon fällt sie hinein, (**Jesses Maria**).

Noch ein allerletzter Satz,
(**das ist doch alles für die Katz**).

Tierisches

Bekümmert denkst du, das darf ja wohl nicht wahr sein,
er sitzt da wie ein Affe auf dem Schleifstein.

Manchmal kann man fast darüber lachen,
was die für ein Affentheater machen.

Dort drüben auf dem Rasen, da steht eine Giraffe,
wo kommt die denn her, **ich glaub', mich laust der Affe.**

Aussehen tut er wirklich nicht schlecht,
er fühlt sich aber auch wie **ein toller Hecht.**

Doch ich machte die Erfahrung schon einmal,
willst du etwas von ihm , **windet er sich wie ein Aal.**

Außerdem ist er nicht sehr entspannt,
ihn ärgert die Fliege an der Wand.

Ich könnte morgen gleich beide fragen,
dann würde ich **zwei Fliegen mit einer Klappe schlagen.**

Ich hätte Angst, dass er sich beim Klettern verletzt,
doch ihm haben sie mit dem Vorschlag **einen Floh ins Ohr gesetzt.**

Kein Wunder, dass sich die Jugendlichen lauthals beklagen,
dies ist ja ein Ort**, wo sich Fuchs und Hase gute Nacht sagen.**

Lass dich nicht entmutigen, beginn noch mal von vorn,
auch ein blindes Huhn findet mal ein Korn.

Rita ruft ständig, was soll ich nur tun,
und **läuft herum wie ein aufgescheuchtes Huhn.**

Sie verhält sich so, wie ich es schon kenne,
das Ei will klüger sein als die Henne.

Er tut immer alles lautstark kund
und ist dadurch **bekannt wie ein bunter Hund.**

Der blonde Bengel ist zwar relativ klein,
doch **er möchte immer der Hahn im Korb sein.**

...und noch mehr davon

Eigentlich gibt es gar keinen Grund,
(**er passt aber immer auf wie ein Schießhund***).*

Du weißt nicht, dass sie unter einer Decke stecken,
(**doch schlafende Hunde soll man nicht wecken**).

Nun beeilt euch mal in dieser Runde,
ihr wisst, (**den letzten beißen die Hunde**).

Nun trau dich doch, was ist denn schon dabei,
(**du schleichst herum wie die Katze um den heißen
Brei**).

Ich verstehe nicht, warum die so aneinander kleben,
(**wo sie doch wie Hund und Katze leben***).*

Um dem Angeber einen Denkzettel zu verpassen,
könntest du (**die Katze aus dem Sack lassen**).

Doch ich vermute, in dieser Phase
wird er sagen, (**mein Name ist Hase***).*

Ich finde es furchtbar, wenn er sich wieder besäuft,
doch mittlerweile (**weiß ich, wie der Hase läuft***).*

Ich erklärte ihr alles Satz für Satz,
doch am Ende (**war es für die Katz***).*

Pass auf, du stößt mir mit dem Rad in meine Waden,
(du bist wie ein Elefant im Porzellanladen).

Ob es stimmt, weiß ich nicht genau,
aber man sagt, **(in der Nacht sind alle Katzen grau**).

Reimen mit Sprichwörtern

lang oder kurz, groß oder klein

Das richtige Maß zu finden kann schwierig sein,
denn manchmal ist es **ein Tropfen auf dem heißen Stein.**

Dann kommt ein Anderer daher
und meint **manchmal ist weniger mehr.**

Meine Mutter sprach gewöhnlich,
lieber zu viel als zu wenig.

Des Öfteren könnte ich mir die Haare raufen,
denn **ein Tropfen bringt das Fass zum Überlaufen.**

Meine Freundin sieht die Sache so,
lieber klein, aber oho,

und ich stimme dann noch ein,
und sag den Spruch: **klein aber mein.**

Du bist immer der Letzte, das bringt die Anderen in Wut,
doch es hat den Vorteil, **was lange währt, wird gut.**

Dagegen meint der Koch mit seiner Schürze,
in der Kürze liegt die Würze.

Ein anderer Spruch ist in aller Munde,
langsam geht die Welt zugrunde.

Die Verkäuferin im Handarbeitslädchen
ruft: "**langes Fädchen, faules Mädchen**."

Die Mutter stöhnte heute Morgen:
Kleinen Kinder, kleine Sorgen,
große Kinder, große Sorgen.

Der Vater schimpft, ich sag dir das Eine,
Lügen haben kurze Beine.

Ob lang oder kurz, groß oder klein,
das Richtige wird schon zu finden sein.
Klappt es nicht gleich, machen wir es nochmal,
denn ein letztes Sprichwort sagt, **einmal ist keinmal**.

Menschliche Eigenschaften

Über Menschen gibt es viele Geschichten,
da lässt sich einiges (berichten).

Manche Leute sind gemein,
doch wer anderen eine Grube gräbt, fällt selbst hinein.

Und von einigen Typen weiß ich,
am Abend werden die Faulen fleißig.

Man muss üben, bis man's kann, so geht es allen,
denn es ist noch kein Meister vom Himmel gefallen.

Ich tue, was ich kann, so denken die Meisten,
denn **Schuster, bleib bei deinen Leisten.**

Oft war man beteiligt, wenn etwas aus den Fugen geriet,
denn **jeder ist seines Glückes Schmied.**

Manche Menschen protzen, doch das ist verkehrt,
wer den Pfennig nicht ehrt, ist des Talers nicht wert.

Schließt die Türen und gebt acht,
denn **Diebe kommen in der Nacht.**

Die Geschichte vom Hans ist gar nicht so schwer,
was Hänschen nicht lernt, lernt Hans nimmermehr.

Ihr könnt die Botschaft glauben, die ich euch sende,
Narrenhände beschmieren Tisch und Wände.

Schwierig wird es, wenn ich eine Lösung such,
denn **ein Mann, ein Wort, eine Frau ein Wörterbuch.**

Willst du dir einen Mann angeln, kannst du es mit
Kochen wagen,
ich habe gehört, **Liebe geht durch den Magen.**

Trau dich doch, sagt man schon zu dem Kind,
denn **wer nicht wagt, der nicht gewinnt.**

Mehrmals habe ich dich gefragt im netten Ton,
nun reicht es mir, **wer nicht will, der hat schon.**

Komm, heute zeigen wir es allen,
man muss die Feste feiern, wie sie fallen.

Kleine Weisheiten

Sprichwörter tun kleine Weisheiten kund,
zum Beispiel **Morgenstund hat Gold im Mund.**

Ein Sprichwort ist ganz allgemein,
auf Regen folgt auch wieder Sonnenschein.

Es muss ja nicht immer so sein,
doch es heißt, **ein Unglück kommt selten allein.**

Auch wenn man seine Eltern verehrt,
eigener Herd ist Goldes wert.

Die Kirche will den Herrgott loben,
denn **alles Gute kommt von oben.**

Manchmal ist einem das Herze schwer,
doch wenn du denkst, es geht nicht mehr,
kommt irgendwo ein Lichtlein her.

Alle, die schon mal Kummer hatten,
wissen: **wo Licht ist, ist auch Schatten.**

Der folgende Satz wird wohl niemanden überraschen,
das letzte Hemd hat keine Taschen.

Nicht nur junge Menschen stehen vor Gericht,
denn **Alter schützt vor Torheit nicht.**

Siehst du es in deinem Kummer auch nicht,
am Ende des Tunnels ist Licht.

Vielen jagen großen Zielen nach,
doch lieber den Spatz in der Hand, als die Taube auf
dem Dach.

Auch wenn das Sprichwort nicht sehr geistreich ist,
kräht der Hahn auf dem Mist,
ändert sich das Wetter oder es bleibt, wie es ist.

Ein Satz aus des Katzenkenners Sicht,
die Katze lässt das Mausen nicht.

Noch ein Sprichwort zu guter Letzt,
vor den Erfolg hat Gott den Fleiß gesetzt.

menschliche Erkenntnisse

Es gibt ein paar Erkenntnisse über die Leute,
die galten damals und auch (**heute**).

Ich kannte einen, der die Arbeit scheute,
für ihn galt: **morgen, morgen, nur nicht heute,
sagen alle faulen Leute.**

Dabei sollten alle wissen,
ein reines Gewissen ist ein sanftes Ruhekissen.

Politiker möchten siegen, sind sie zur Wahl aufgestellt,
doch sie sollten wissen, **Geld regiert die Welt.**

Sollte es auch anders Denkende geben,
man sagt: **Ordnung ist das halbe Leben.**

Solltest du über meine Unordnung fluchen,
sage ich, **wer Ordnung hält ist nur zu faul zum Suchen.**

Es war nicht leicht, doch du hast es in Angriff
genommen,
denn **frisch gewagt, ist halb gewonnen.**

Alle wissen, vom Kind bis zum Greis,
es gilt der Satz, **ohne Fleiß , kein Preis.**

Du eckst überall an, darum bin ich geladen.
du bist wie ein Elefant im Porzellanladen.

Es ist gut, wenn man den anderen Aufmerksamkeit zollt,
doch bedenke, **Reden ist Silber und Schweigen ist Gold.**

Aufpassen kann man niemals genug,
doch aus Schaden wird man klug.

Ein logischer Satz aus meiner Sicht:
wer schläft, der sündigt nicht.

Was ist das?

Zahn

Ich muss sie regelmäßig putzen,
für ihre Gesundheit ist es von großem   (**Nutzen**).
Wenn sie vollzählig sind, das weiß ich,
hat man von ihnen   (**zweiunddreißig**).
Alte Menschen haben manchmal keine mehr,
sie brauchen Ersatz, sonst fällt das Kauen   (**schwer**).
Hin und wieder einer weh tun kann,
dann geh ich zum Arzt und der behandelt den   (**ZAHN**).

Uhr

Ich bekam sie von dir als Geschenk
und trage sie an meinem Hand   (**-gelenk**).
Am Kirchturm schlägt sie zur vollen Stunde,
auf ihr erkenne ich die Minute und   (**Sekunde**).
Ich brauche sie zum Stoppen der Zeit,
und um zu sehen, gleich ist es   (**soweit**).
Ich frage mich, wo bleibst du nur,
der Gegenstand, den ich meine, ist eine   (**UHR**).

Spaten

Meine Rose steht am falschen Ort,
ich pflanze sie um, von hier nach (**dort**).
Zuerst buddle ich mit ihm ein neues Loch,
dann grabe ich sie aus, dafür brauche ich ihn auch
(**noch**).
Die Kinder haben ihn in klein,
denn sie wollen wie die Großen   (**sein**).
Ständig braucht mein Mann ihn im Garten,
nicht nur eine Schippe, sondern auch einen   **(SPATEN)**.

Märchen

Die Gebrüder Grimm und Andersen haben sie erfunden,
sie verzauberten uns so manche   (**Stunden**).
Das Spieglein an der Wand wusste, wer die Schönste
war,
Rapunzel ließ herab ihr langes   (**Haar**).
Die Märchen mit dem Wolf hörten wir mit Grauen,
abends musste Mutter sogar unter unserem Bett nach
ihm   (**schauen**).
Schneeweißchen und Rosenrot, das Geschwisterpärchen
ist auch eines von den vielen   (**MÄRCHEN**).

Sonne

Am Abend geht sie unter und am Morgen wieder auf,
Im Osten beginnt sie morgens ihren (**Lauf**).
Im Süden sehen wir sie mittags hoch am Himmel stehen
und im Westen wieder (**untergehen**).
Ohne sie gäbe es auf der Erde kein Leben,
sie ist da, um uns Licht und Wärme zu (**geben**).
Wenn sie scheint, sind wir voller Wonne,
habt ihr es erraten, das ist die (**SONNE**).

Straße

Sie verbindet Orte nah und fern,
gut ausgebaut hat man sie (**gern**),
manchmal ist sie verstopft und man kommt kaum voran,
viele Autofahrer fluchen (**dann**).
Der Asphalt ist dunkel und im Sommer manchmal heiß,
im Winter liegen auf ihr Schnee und (**Eis**).
Selbst für Lastwagen hat sie die richtigen Maße,
das, was ich suche, ist eine (**STRAßE**).

Wetter

Es ist selten allen recht,
für die einen ist's noch gut, für die anderen schon
    (**schlecht**).
Aber wir müssen es nehmen, wie es ist,
und ist es auch der größte   (**Mist**).
Öfter herrscht schönster Sonnenschein,
dann lädt es uns alle nach draußen (**ein**).
Die Meteorologen verkünden es nur, sind aber nicht der
Retter,
Petrus ist zuständig, er beschert uns das **WETTER**.

Hunger

Wir haben lange nichts gegessen,
doch wir können es wohl auch nicht   (**vergessen**),
denn in unserem Magen grummelt es sehr,
wo bekommen wir etwas zu essen (**her**)?
Ob warm oder kalt ist ganz egal,
nur schnell wollen wir es haben, sonst wird es zur
    (**Qual**).
Mein Magen ist leer,
brummt wie ein   (**Bär**),
brummt wie ein Brummer,
recht guten   (**HUNGER**).

Liebe

Man spricht von Schmetterlingen im Bauch,
von rosaroten Wolken redet man   (**auch**),
die Zeit scheint einfach stillzustehen,
wartet man auf ein   (**Wiedersehen**).
Man möchte am liebsten nicht mehr voneinander
lassen,
keine wertvolle Sekunde   (**verpassen**).
Sie beinhaltet mehr als nur die Triebe,
das schönste Gefühl, das ist die   (**LIEBE**).

Hose

Heutzutage trägt sie Frau und Mann,
man hat sie an den Beinen, Hüften und dem Po   (**an**).
Man trägt sie kurz, doch meistens lang,
in allen Farben bieten Verkäufer sie   (**an**).
Vorne ist ein Reißverschluss, da macht man sie zu und
auf ,
auf die Größe achtet man schon beim   (**Kauf**).
Denn sitzt sie zu eng oder zu lose,
hat man keine Freude an der neuen (**HOSE**).

Auto

Ich habe den Führerschein gemacht,
und habe so bei mir   (**gedacht**),
dann kann ich mir ein Fahrzeug kaufen
und brauche wenigstens nicht mehr   (**laufen**).
Klein und sparsam soll es sein,
abends bringe ich meine Freundin damit   (**heim**).
Ich zähle mein Spargeld und rufe laut - oh,
es reicht ja tatsächlich für ein kleines   (**AUTO**).

Schokolade

In vielen Sorten lacht sie mich an,
so dass ich mich kaum entscheiden (**kann**).
Zartbitter, Vollmilch, mit Marzipan oder Nuss,
zu dumm, dass ich auf meine Figur achten   (**muss**).
Denn isst man zuviel davon, dann nimmt man zu,
und wiegt ein paar Kilos mehr im   (**Nu**).
Ich nasche zwei Stücken, dann ist Schluss, wie schade,
am liebsten äße ich die ganze Tafel (**SCHOKOLADE**).

Post

Einmal am Tag wird sie von einem Boten gebracht,
ist ein Brief dabei, wird er gleich (**aufgemacht**).
Die Karte von Tante Elly wird gelesen,
sie ist schon wieder im Urlaub (**gewesen**).
Damit der Empfänger sie auch gleich entdeckt,
wird sie in den Briefkasten (**gesteckt**).
Egal bei welchem Wetter, ob Hitze oder Frost,
meist kommt sie pünktlich, unsere (**POST**).

Fahrstuhl

Manchmal ist er kaputt und fällt aus,
dann gucke ich dumm aus der Wäsche (**raus**).
Denn bin ich viele Treppen gelaufen,
komme ich schon mal mächtig ins (**Schnaufen**).
Nach zwei Treppen oder mehr,
werden mir die Beine richtig (**schwer**).
Ohne ihn käme man nicht nach oben mit dem Rollstuhl,
ich rede vom täglich genutzten (**FAHRSTUHL**).

Eisenbahn

Früher fuhr sie noch unter Dampf,
sie schnaufte so laut, als wär sie im **(Kampf)**.
Der Heizer schaufelte die Kohlen hinein,
heute fährt sie wie von **(allein)**.
Sie ist schnell und ziemlich leise,
wenn sie so saust über die **(Gleise)**.
Mit ihr man in den Urlaub fahren kann,
das Fahrzeug auf Schienen ist eine **(EISENBAHN)**.

Brot

Erst wird vom Bäcker der Teig gemacht,
geknetet, geformt und in den Ofen **(gebracht)**.
Schon beim Backen riecht es unheimlich lecker,
wenn es bereits fertig ist, klingelt bei anderen erst der
(Wecker).
Die Kinder futtern die Stullen auf dem Pausenhof,
hast du sie für die Arbeit vergessen, ist das richtig
(doof).
Wo die Menschen es nicht haben, da herrsch große
Not,
alle brauchen es, das nahrhafte, leckere **(BROT)**.

Bild

Mir hat es am besten gefallen,
ich fand, es war das Schönste von   (**allen**).
Es kostete mich zwar allerhand,
doch ich habe es gekauft und hänge es an die
    (**Wand**).
Nun kann ich mich täglich daran erfreuen,
meinen Kauf werde ich sicher nicht (**bereuen**).
Neu gerahmt schmückt es jetzt mein Zimmer,
ich behalte es sicherlich für   (**immer**).
Die wundervollen Farben stimmen mich fröhlich und
mild.
Gerne zeige ich euch einmal mein neues   (**BILD**).

Rose

Mit ihr will er dir seine Liebe zeigen,
denn für ihn hängt der Himmel voller   (**Geigen**).
Mit ihrer großen Blüte und dem langen Stiel,
sagt sie ihr über seine Gefühle sehr (**viel**).
Mit der Gelben schmücke ich gern den Tisch zum Tee,
viele gibt es im Sommer im kleinen (**See**) .
Oft duften sie herrlich und betören uns ganz leis',
sie blühen auch in orange, rosa und (**weiß**).
Die Blütenblätter sammle ich gern in einer Dose,
die Blume, von der ich schwärme, ist eine   (**ROSE**).

Bett

Es ist spät und ich möchte schlafen geh'n,
am Himmel sind schon der Mond und die Sterne zu
(**seh'n**).
Vorher gehe ich ins Bad, um Zähne zu putzen,
die Toilette muss ich auch noch einmal (**benutzen**).
Das Hände waschen danach muss sein,
ausziehen kann ich mich noch (**allein**).
Dann lege ich mich hin und finde es so richtig nett,
und kuschel mich ein, in meinem gemütlichen
(**<u>Bett</u>**).

Hund

Er ist uns ein treuer Begleiter
und stimmt uns fröhlich und (**heiter**).
Mehrmals täglich müssen wir Gassi geh'n,
dabei können wir bekannte Gesichter (**seh'n**).
Wir treffen Hinz und quatschen mit Kunz,
außerdem ist Bewegung gut für (**uns**).
Er schläft in seinem Körbchen auf seiner Decke
kunterbunt,
es ist mein bester Freund, der (**<u>HUND</u>**).

Kuh

Sie steht auf der Weide oder im Stall,
da wo sie ist, sind Fliegen   (**überall**).
Es umgibt sie ein penetranter Duft,
neben dem Misthaufen nimmt's mir die   (**Luft**).
Doch sie ist hoch geschätzt und bekannt
als ein erstklassiger Milch   (**-lieferant**).
Jetzt frage ich dich, was glaubst du?
Ich meine natürlich die wiederkäuende   (**KUH**).

Pferd

Es gibt eine kleine Rasse, doch meist sind sie richtig
groß,
da raufzukommen, wie macht man das   (**bloß**)?
Doch bevor man dieses Tier reiten kann,
legt man ihm den Sattel und das Zaumzeug   (**an**).
Es läuft im Schritt, Trab oder Galopp,
geht es mit dir durch, dann kennt es kein   (**stop**).
Ein Sprichwort sagt, das Glück dieser Erde
liegt auf dem Rücken der   (**PFERDE**).

Katze

Ich habe sie gekauft in einem großen Tierheim,
damals war sie noch winzig und   (**klein**).
Sie ist verschmust und liegt oft auf meinem Schoß,
was würde ich machen ohne sie   (**bloß**).
Ständig streift sie mir um die Beine,
zu gern spielt sie mit meiner Wäsche   (-**leine**).
Zum Säubern leckt sie sich ihre kleine Tatze,
Na klar, ich rede von meiner   (**KATZE**).

Elefant

Der lange Rüssel ist sein Markenzeichen,
er kann an Gewicht bis zu fünf Tonnen   (**erreichen**).
Er hat große Stoßzähne aus Elfenbein,
deshalb kann er vor Wilderern nicht sicher (**sein**).
Seine Heimat sind Asien und Afrika,
dort lebt er in Herden das ganze   (**Jahr**).
Er ist ein Pflanzenfresser und das größte Tier an Land,
gemeint ist hier der   (**ELEFANT**).

Zirkus

Als Kind bin ich gerne hingegangen,
die Manege nahm mich sofort   (**gefangen**).
Sie hatte einen ganz eigenen Duft,
beim Auftritt des Clowns bekam ich manchmal vor
Lachen kaum (**Luft**).
Bei den Artisten hielt ich den Atem an,
und staunte, was ein Mensch so alles   (**kann**).
Jeder einmal dagewesen sein muss,
in einem uns so faszinierenden   (<u>**Zirkus**</u>).

KINO

Gern erinnere ich mich an die Zeit,
wir besuchten es meistens zu   (z**weit**).
Im Dunkeln hielten wir uns an der Hand,
und verfolgten die Filme aufmerksam und   (**gespannt**).
Mal mussten wir lachen oder gaben uns den Tränen hin.
manchmal suchten wir vergebens nach dem   (**Sinn**).
Anschließend redeten wir darüber bei einem Vino,
und freuten uns auf den nächsten Besuch im   (<u>**KINO**</u>).

Wasser

Es begegnet uns als Regen,
manchmal als Unheil, dann wieder als   (**Segen**).
Es fließt als Bach oder Fluss durch die Lande,
es entspringt als Quelle und versickert im   (**Sande**).
Gegen den Durst können wir es trinken,
als Nichtschwimmer können wir in ihm   (**versinken**).
Als Lebenselixier beschreibt es der Verfasser,
in jedem Fall unverzichtbar, das ist das   (**WASSER**).

Toilette

Wir müssen für kleine Mädchen hört man die Frauen
sagen,
wo der Kaiser zu Fuß hingeht, sprach man schon in
früheren   (**Jahren**).
Man mag sie sauber und adrett,
nicht wie früher das   (Plumpsklosett).
Wasserspülung ist heute selbstverständlich,
ohne Waschbecken und Seife wär's schon sehr
        (bedenklich).
Unterwegs ich öfter mal gern eine hätte,
dann suche ich dringend nach einer Toilette.

bereits erschienen:

Gefühlte Texte

Aus meinem Leben mit einer chronischen Erkrankung

Gedichte

Angela Weiland, Mauer Verlag, Rottenburg, 2008
ISBN - 978-3-86812-153-7

Das Heute zählt

Wenn Menschen ihre Erinnerungen verlieren,
geht oftmals weit mehr verloren,
da es für die Umwelt unerhört schwer ist,
den Verlust zu begreifen und zu akzeptieren.

Gedichte

Angela Weiland, BOD Verlag, Norderstedt, 2010
ISBN - 978-3-8423-5789-1

Querbeet
Gedanken zur Welt und ihren Bewohnern

Querbeet: Der Titel benennt mit einem Wort den nicht
vorhandenen Leitfaden.
Das Buch enthält Gedanken über Umweltschutz und
Umweltprobleme, Situationen aus Politik und Wirtschaft, über
kriminelles Handeln und menschliche Schwächen, weiterhin
Fantasien, Sinnliches und Provokatives.

Gedichte+

Angela Weiland, BOD Verlag, Norderstedt, 2013
ISBN-978-37322-8750-5

Geschichten zum Mitmachen

Rätsel müssen gelöst werden,
damit die Erzählung weitergeht

8 Geschichten für Kinder(4-6Jahre)

Angela Weiland, BOD Verlag, Norderstedt, 2010
ISBN - 978-3-83914-201-1

Pendelverkehr zwischen
Himmel und Hölle

Eine schwere, wenn nicht sogar lebensbedrohliche Erkrankung ist
ein extremer Einschnitt im Leben.
Ich habe die Verzweiflung und die Hoffnung,
das ständige Auf und Ab der Befindlichkeit, sowie die Zerrissenheit
ihrer Empfindungen miterlebt.
In meinen Gedichten bringe ich die ge- und erlebten Gefühle zum
Ausdruck.

Gedichte
Angela Weiland, BOD Verlag, Norderstedt, 2013
ISBN-978-37322-3923-8

Aktives Zuhören
Kleine Geschichten in Reimen

zum Vervollständigen
für Menschen mit Demenz

Angela Weiland, BOD Verlag, Norderstedt, 2013
ISBN-978-37322-3355-7